Reconnaissance et Prière.

HOMMAGE AU SACRÉ-CŒUR

ET A MARIE TRIOMPHANTE,

par un vieux Vendéen.

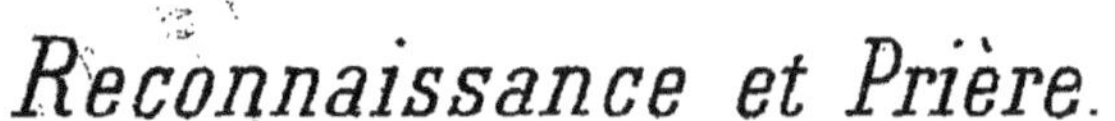

Christus vincit
Christus regnat
Christus imperat.

Fons patens erit in Israël
Adeamus cum fiducia ad thronem misericordiæ.

NANTES,

LIBAROS, LIBRAIRE-EDITEUR,

Carrefour Casserie, 3.

—

HOMMAGE

AU SACRÉ COEUR

ET

A MARIE TRIOMPHANTE

PAR

UN VIEUX VENDÉEN

DEUXIÈME ÉDITION

Christus vincit, — Christus regnat, — Christus imperat.

—

Fons patens erit in Israël.

—

Adeamus cum fiduciâ ad thronum Misericordiæ.

NANTES

LIBAROS, LIBRAIRE-ÉDITEUR

CARREFOUR CASSERIE, 3

—

1873

Nantes. — Imp. Vincent Forest et Émile Grimaud, place du Commerce, 4.

HOMMAGE AU SACRÉ COEUR

HOMMAGE A NOTRE-DAME

—

UN VIEUX VENDÉEN

—

De tous côtés on signale une reprise de la propagande impie des frères de l'Internationale. Messieurs les rouges, un instant effrayés des succès obtenus contre eux, le 24 mai, avaient pris le parti de garder le silence ; mais ce n'était qu'une feinte pour se donner le temps de voir venir. Aussi, ces doux patriotes nous apparaissent-ils de nouveau, se préparant à faire une guerre à outrance à l'Assemblée, dans le but d'empêcher la réorganisation de la France. Ils exploitent sa mansuétude, pour faire croire à l'impuissance des partisans de l'ordre ; plus que jamais, ils essayent activement de détruire tout ce qui peut faire obstacle au triomphe de leurs haineuses passions. Ils n'épargnent ni perfides insinuations, ni calomnies éhontées, ni menaces. N'ont-ils pas outragé, dans certaines villes et même sur les routes, de la manière la plus révoltante, des hommes, des femmes, des enfants, dignes au plus haut point de tous leurs respects, afin de paralyser la confiance qui commençait à renaître? Il est hors de doute que le gouvernement actuel ne favorise pas ces odieuses menées, mais il est également hors de doute qu'un gouvernement quel qu'il soit ne peut pas *tout, tout seul ;* et ce qui est encore incontestable, c'est que, si les honnêtes gens ne se prémunissent pas contre les pillards, il n'y a pas de force qui puisse arrêter les tentatives de ceux-ci. Dieu seul, par-dessus tout, demeure notre sauvegarde ; mais il nous demande notre coopération. Élevons donc nos soupirs vers le ciel ; adressons nos supplications à Celle qui, par elle-même et par le Cœur de son divin fils, a toujours sauvé la France.

Si, à l'origine des temps, elle a foulé aux pieds Satan, le premier des révolutionnaires, elle manifeste, dans le cours des siècles, avec la même énergie, sa toute-puissance contre le désordre : l'histoire tout entière est là pour attester cette vérité. Commençons par ce qui se passe sous nos yeux. Depuis deux ans, n'avons-nous pas une preuve évidente de sa protection ? La révolte de Paris a été vaincue par notre armée, commandée on sait par qui, mais l'armée n'a commencé à avoir du succès que le jour où ont été demandées des prières pour fléchir le courroux céleste, et elle n'a pu entrer dans Paris qu'au moment même où l'Assemblée, unie à la France entière, tombait à genoux pour implorer le secours de Marie et du sacré Cœur. Depuis lors, la rage des suppôts de l'enfer a redoublé, pour empêcher la visite des vrais enfants de la France aux lieux où la divine reine est apparue pour nous dire : Venez prier ; mon fils désire vous pardonner ! La Mère a parlé, les enfants ont obéi.... qui sait si la pacifique révolution du 24 mai n'est pas un premier cadeau de Notre-Dame Auxiliatrice ?

N'épargnons donc ni prières, ni supplications auprès de Dieu : de lui seul vient la force. Disons avec le roi-prophète, dans toute l'ardeur de notre âme : *Exsurgat Deus et dissipentur inimici ejus* (¹).... Que ce soient nos cœurs qui le répètent au cœur de Jésus.

(¹) Que Dieu se lève et que ses ennemis soient dispersés......

Des ennemis aveugles nous disent bien encore : Que vous a valu la prière? que vous ont valu vos chapelets, vos sacrés-cœurs, contre nos soldats de la République, à une autre époque? Il n'y a pas longtemps que les derniers survivants de vos armées catholiques et royales sont morts ; ils ont pu vous dire à quoi leur a servi d'invoquer celui qu'ils appelaient le Dieu des armées! Ce Dieu, *s'il existe,* n'est que le Dieu des gros bataillons. — Coupons court à ces blasphèmes et montrons la puissance de la prière, aux jours même des grands désastres.

Quand le prophète s'écriait : *Exsurgat Deus et dissipentur inimici ejus,* et le faisait répéter aux enfants d'Israël, c'était pour obtenir la délivrance de son peuple, qui, à cause de ses crimes, gémissait dans une oppression que Dieu avait permise pour le rappeler à lui par un châtiment qui devait provoquer son repentir. Dans une autre circonstance, ne voyons-nous pas les captifs de Babylone faire monter leurs gémissements vers le ciel, agiter sur les bords de l'Euphrate les chaînes de leur captivité, en redemandant la patrie ? Ils ont prié ; Dieu les prend en pitié !... leurs fers se brisent; ils regagnent cette chère patrie ; Jérusalem se relève, le temple sort de ses ruines, l'hymne d'actions de grâces retentit.... la prière avait fait son œuvre.

Ainsi, dans nos contrées dévastées par le fer et le feu, les ruines se sont amoncelées; beaucoup de larmes ont coulé, d'innombrables victimes ont été traînées dans les cachots, puis, de là, conduites au dernier supplice. Tous ces fidèles, en subissant les derniers outrages, en marchant à la mort, élevaient leurs regards vers le ciel et disaient à Marie, leur mère : *Spes nostra, salve* (¹) ! Leur espérance n'a point été trompée; les bourreaux ont fait leur œuvre, les âmes des vic-

(¹) Salut, vous qui êtes notre espérance !

times sont parties pour le séjour des immortelles récompenses; les oppresseurs ont été jugés et les fils des martyrs sont debout : la prière a encore fait son œuvre !

Pouvait-il en être autrement !.... dès l'origine de notre histoire, nous voyons le Ciel s'intéresser merveilleusement au sort de notre belle patrie? Lorsque Dieu donna la victoire à Clovis, cet intrépide chef des Francs, en remercia-t-il ses gros bataillons? Lui et ses soldats s'en gardèrent bien. Au moment où il se croyait vaincu, Clovis appela à son secours le Dieu de Clotilde, et le fier Sicambre, dont le front ne se courbait pas devant ses idoles, fléchit le genou devant la croix. Ses farouches guerriers l'imitèrent; les prières de sainte Clotilde avaient touché le cœur de Dieu ; mais Dieu attendait pour créer la France le cri du cœur de Clovis!

Qui, dans notre siècle, n'a lu les admirables paroles que le Seigneur fit entendre, par la bouche de saint Remi, au premier roi très-chrétien, et quel est le Français qui hésiterait à demander à Dieu de ne pas fermer à tout jamais le *Gesta Dei per Francos?*

Cette œuvre de Dieu par les Francs s'exécutait à une époque fameuse de notre histoire; mais, hélas ! nos pères ne persévérèrent pas. Alors Dieu, dans sa juste colère, déchaîna du nord le féroce Attila avec ses hordes sauvages. Les guerriers de notre patrie étaient debout; le terrible vainqueur se précipita comme la tempête, les renversa, les foula aux pieds comme on foule l'herbe des champs. Il s'élance vers Paris. Déjà les habitants de la grande ville se demandent par quels moyens ils pourront fléchir le courroux de celui qui s'appelait audacieusement *le Fléau de Dieu;* mais quelques chrétiens avaient prié : voici qu'une enfant se présente devant le terrible Attila, plaçant sa houlette en travers de son chemin et invoquant le nom de Dieu, elle lui défend de passer. Cette simple houlette d'une sainte avait protégé et sauvé les forteresses. *Nisi Dominus custodierit civitatem, frustra vigilat qui custodit eam* ([1]).

La reconnaissance a érigé des autels à la petite bergère de Nanterre; mais vous, révolutionnaires, qu'avez-vous fait de l'église dédiée à sainte Geneviève ?... Il n'est pas éloigné, cet horrible temps où vous avez fait de son temple un réceptacle des ignobles dépouilles de vos grands hommes.

Plus tard, lorsque l'Anglais pillait le royaume, Dieu suscita une autre petite bergère et l'envoya chasser les ennemis; Jeanne d'Arc arriva de la Lorraine, et s'armant, par l'ordre de Dieu, de la blanche bannière aux fleurs de lys d'or, elle conduisit miraculeusement le roi de France à Reims, où elle le fit sacrer par le successeur du grand saint Remi... Aujourd'hui, qui sait les secrets de Dieu ?... Ah ! prions-le de susciter encore, s'il le faut, une bergère de France, qui, relevant l'étendard de la bergère de Vaucouleurs, aille par reconnaissance délivrer la Lorraine de ses oppresseurs. La France du sacré Cœur ne se fera pas prier pour marcher à sa suite.

Assez et trop longtemps, la révolution, cette odieuse alliée de Satan, a dominé dans le royaume de la Mère du Christ ! Oui, Français, oui, aujourd'hui, plus et mieux que jamais, nous avons le droit de le dire, le royaume du Christ est le royaume de sa Mère, *regnum Galliæ, regnum Mariæ* ([2]). Nul ne doit ignorer que nos rois l'ont nommée reine de leur royaume. François Ier se fit honneur de porter, un jour, sur ses royales épaules, la blanche image de Marie; Louis XIII, après plusieurs de ses ancêtres, lui a consacré la France et il

([1]) Si Dieu ne garde pas la ville, c'est en vain que veilleront ses défenseurs. — ([2]) Le royaume de France est le royaume de Marie.

a demandé qu'il se fît tous les ans des prières publiques en souvenir de son vœu. Tous les ans ce vœu royal a été ratifié et c'est à l'anniversaire du couronnement de Marie comme reine du ciel que la France la reconnaît aussi pour sa véritable reine. Admirable coïncidence ! Quelle gloire merveilleuse en a toujours rejailli sur le royaume de Clovis ! Oui, quelle gloire ! le mot n'est pas forcé ; maintes fois Marie nous a prouvé qu'elle acceptait les offres de nos rois et le don que nous renouvelons chaque année.

C'est à deux pauvres petits pâtres de la montagne qu'elle apparaît, le 19 septembre 1846, et après leur avoir fait connaître les dangers dont nous sommes menacés, elle ajoute : « Mes enfants, faites passer cela à mon peuple. » Est-il présomptueux de croire que Marie venait nous dire : J'ai accepté, j'ai signé le contrat rédigé par vos rois ? Si c'est nous tromper que de parler ainsi, qu'on nous laisse, de grâce, notre chère illusion ; elle n'a rien qui gêne l'élan des cœurs vers notre reine.

N'est-ce pas de l'apparition de la Salette que date le commencement de la régénération religieuse de la France ?

On fait retentir à nos oreilles qu'il fut un temps où, le 15 août, on fêtait de grands anniversaires, qui ont montré que les vœux de nos rois et les réclamations dites cléricales étaient passés de mode.

La France, il est vrai, a été une grande coupable ; elle a été punie ; mais que sont devenus les trônes élevés par la révolution ? Considérons ce que nous étions alors ! levons les yeux au ciel, *undè veniet auxilium* (¹). Nous verrons ce que nous pourrons devenir dès que nous nous laisserons conduire par la reine du ciel, par la reine du sacré Cœur,

(¹) D'où nous viendra le secours.

qui nous aime toujours et n'a jamais cessé de nous aimer, malgré nos égarements.

La France est la première contrée du globe où Dieu voulut que sa Mère fût honorée. Qui pourrait nous dire de quel siècle, avant l'ère chrétienne, date le premier temple consacré à honorer la Mère immaculée ? Quel est le prophète qui a fait graver sur un autel devant lequel s'inclinaient les druides, ces paroles qui frappèrent d'étonnement le premier apôtre des Gaules, à son arrivée au pays chartrain : *Virgini parituræ* (¹) ! C'est aussi dans la France que la reine des anges a voulu se faire connaître comme reine du sacré Cœur. C'est de la France et par la France qu'elle sera acclamée reine du sacré Cœur dans le monde entier.

C'est la France qui la première a été appelée à connaître le sacré Cœur de Jésus. Quelles sont donc tes destinées, France de Clovis? Les paroles de saint Remi seraient-elles des prophéties ? VIVE LE CHRIST QUI AIME LES FRANCS ! c'était le cri de nos aïeux. Revenons à la foi de nos pères, et le monde, étonné de la résurrection de notre patrie, criera : VIVENT LES FRANCS QUI AIMENT LE CHRIST ! Hâtons par nos prières l'avénement de ce triomphe de la miséricorde. L'amour de Dieu nous en conjure depuis deux cents ans par la voix d'une humble religieuse ; nous avons l'espérance, il ne tient qu'à nous de saisir la réalité. C'est de Paray que nous avons reçu l'invitation, c'est à Paray que nous devons aller nous humilier pour nous relever tout à fait.

Le sacré Cœur !
Paray-le-Monial !

______

(¹) A la Vierge qui doit devenir mère.

Échos de la Vendée, réveillez-vous ! Écoutez la voix des ministres du Seigneur ! *C'est la Vendée qui a fait connaître au monde le culte du sacré Cœur !*

Est-ce par la victoire que procurent les gros bataillons ? Non ! non ! Si nos pères ont triomphé, le chapelet qu'ils récitaient jusque dans la mêlée, le sacré-cœur que l'ennemi voyait sur leurs poitrines, ont donné plus de force à leurs bâtons que n'en pouvaient avoir les baïonnettes et les canons de leurs innombrables ennemis. Quelques invocations à Marie ont souvent déjoué les talents et l'expérience des généraux de la révolution. *Hi in turribus et hi in equis, nos autem in nomine Domini...* [1] était vrai longtemps avant le siècle où écrivait le roi-prophète, il est et sera toujours vrai : *Veritas Domini manet in æternum* [2].

Vous avez lutté, reprend la révolution, mais que sont devenues vos victoires ? La France était avec moi, vous avez fini par être écrasés et réduits à l'impuissance, malgré vos croix, vos chapelets et vos sacrés-cœurs. — C'est vrai, vous êtes passés sur nos contrées comme un ouragan dévastateur. Vos colonnes infernales ont massacré nos devanciers, ont inondé de sang nos sillons ; mais après... vous avez pu entendre un grand nombre d'évêques et de princes de l'Église répéter : C'EST L'HÉROÏSME DE LA VENDÉE QUI A SAUVÉ LA RELIGION CATHOLIQUE EN FRANCE. Si la Vendée n'est pas devenue un désert, c'est, il est permis de le croire, que le Dieu du sacré Cœur a voulu que le souvenir de l'héroïsme de nos pères forçât la révolution couronnée à compter avec le pape, prisonnier à Fontainebleau. *Je ne veux pas*, disait Bonaparte, *voir recommencer cette guerre de géants*. Toute l'Europe

---

[1] Les uns se confient en la force de leurs tours ; ceux-là en leurs chevaux ; mais nous, nous invoquons le nom du Seigneur ! — [2] La vérité de Dieu demeurera éternellement ; — ses paroles ne passeront pas.

était pourtant déjà à ses pieds et les rois, qui avaient laissé assassiner Louis XVI, faisaient antichambre à sa porte. Les soldats du sacré Cœur, *eux*, lui donnaient à réfléchir.

Que faisiez-vous donc, citoyens, pour la régénération de notre patrie, tandis que notre sang criait miséricorde, même pour vous ? Vous croyiez qu'en hurlant ce que vous appelez vos hymnes patriotiques, en insultant de plus en plus le créateur du ciel et de la terre, le maître du tonnerre se tairait devant vous ? Vous avez, avec la plume de vos petits savants, falsifié notre histoire, vous avez ri du sacré Cœur, vous vous irritez à l'excès, lorsque nous prions pour la France ! Toutes vos réclames en faveur de la licence, que vous décorez du nom de liberté, ont eu, en 1793, la guillotine, les noyades, l'incendie, etc., etc., pour dernier mot. Maintenant c'est par le pétrole que vous comptez fonder la fraternité ! La lutte actuelle s'établit, grâce à Dieu, entre les pétroleurs plus ou moins hypocrites et le sacré Cœur du Dieu des miséricordes, au trône duquel la reine des anges, reine aussi du sacré Cœur, nous invite à nous rendre à sa suite. C'est là que vous serez vaincus ! Satan votre maître le sait bien : c'est pour cela que sa rage redouble.

Mais, pour nous, continuons le récit des bienfaits de Marie : il est doux pour des enfants de s'entretenir des bontés d'une mère.

Ses anciens sanctuaires ne lui suffisaient plus pour répandre sur la France le torrent de son amour ; elle en a fait élever de nouveaux, en venant elle-même nous solliciter de nous réfugier sur son cœur maternel. Sous ses pas ont jailli des sources intarissables, faible image des faveurs célestes que Dieu voudrait répandre sur nous. A la Salette, les bergers ont vu couler des pleurs ! La reine du ciel venait-elle pour mettre ses larmes entre les coupables et le bras de son fils ?

A Lourdes, elle apparaît souriante. L'enfant de son choix, la jeune Bernadette, remue par son ordre un peu de terre et à l'instant paraît la source. Marie a voulu sans doute nous indiquer ainsi que la miséricorde est descendue jusqu'à nous et que nous avons peu d'efforts à faire pour être délivrés. N'a-t-elle pas encore été pour nous Notre-Dame Auxiliatrice dans nos derniers malheurs ?

Sont-ce vos armes, Messieurs les outranciers, qui ont arrêté les ennemis venus du Nord comme un châtiment du ciel ? Non, assurément.

Les Prussiens se sont arrêtés devant un territoire gardé par Marie et ils n'ont pu fouler aux pieds les contrées occupées par les descendants de ces nobles paysans qui avaient pris les armes pour défendre leurs autels. Ils savaient pourtant bien d'où venaient ces héroïques phalanges, qu'ils redoutaient plus que les hurleurs de la *Marseillaise*. Nul n'ignore que la Bretagne et la Vendée ne font qu'un, aux yeux de la religion ; elles n'ont qu'un cœur et qu'une âme et elles sont inséparables dans leur foi. Si le sacré Cœur demande de nouvelles victimes pour le salut de la France, leurs enfants sauront encore s'unir ; ils n'hésiteront pas à répandre de nouveau leur sang, pour dérober, à la vue de l'ange des vengeances célestes, les crimes de la révolution, et obtenir, par le sacrifice, que la miséricorde règle seule les destinées de la France ; et le *Gesta Dei per Francos* (¹) sera continué.

En face de ce spectacle de résignation et de sacrifice donné par les vrais amis de la patrie, ne comprendrez-vous pas ce que c'est que l'héroïsme ? Pourriez-vous ne pas pleurer sur nos ruines, vous qui avez sacrifié non-seulement l'honneur de la France, mais qui avez trempé vos mains dans le sang de vos frères ? Au milieu de la sédition, vos jours étaient-ils

(¹) Action de Dieu par les Francs.

sans tristesse et vos nuits sans remords ? Qu'avez-vous fait de notre capitale ? Souvenez-vous de vos nombreux forfaits ! Lorsque vous meniez à la mort ceux que vous appeliez des otages, la rage de Satan vous avait sans doute aveuglés. Vous ne saviez pas combien il y avait de générosité au fond de ces cœurs chrétiens ! Ils marchaient la tête haute, le cœur droit, comme autrefois le grand modèle montait au Golgotha ! Ils priaient comme lui, en répétant : *Parce, Domine, — nesciunt quid faciunt.* La mort ne pouvait les faire trembler : leurs yeux voyaient sans doute déjà la couronne que la reine des martyrs leur préparait.

Lorsque votre rage insensée vous fit détruire par le feu les monuments les plus admirés de notre capitale, Dieu jeta sur vous un regard de pitié. Vous avez détruit les palais où la révolution avait commis ses plus grands crimes, mais les palais de la miséricorde furent préservés. Non ! il ne vous a pas été permis d'en détruire un seul ! Vous avez bien pu souiller jusqu'aux sanctuaires, mais quelle que soit la haine de Satan pour les confessionnaux, il ne lui a pas été loisible de vous en faire détruire un seul. Le Dieu du Calvaire vous y attend ; les martyrs l'ont sans doute supplié de les conserver, pour que vous puissiez y retrouver le bonheur : admirable effet de la prière des saints !

Pour nous, continuons notre pacifique croisade ! Vendéens, reprenons nos chapelets et nos sacrés-cœurs : nous les avons portés à Lourdes, les pèlerins de presque toutes les contrées de la France les ont adoptés, en chantant avec nous :

> Dieu pour sa cause aura des hommes,
> Tant que vivront les Vendéens !

Nous avons été devancés à Paray ; le pèlerinage de Paris a arboré le sacré-cœur ; les députés catholiques et des pèlerins de plusieurs diocèses, un grand nombre de militaires en avaient aussi orné leurs poitrines, et si les nombreuses décorations des généraux leur attiraient les respects de la foule, le sacré-cœur n'en était que plus remarqué.

Ces chrétiens, prosternés devant le tombeau de Marguerite-Marie, contemplaient avec vénération le fanion de Charette et des zouaves ruisselant des gloires du sacré Cœur et inondé du sang des petits-fils de Bonchamps, ce héros dont la mort n'osait approcher avant qu'il eût fait entendre ce cri sublime : « Grace ! grace aux prisonniers ! » Ce cri du héros chrétien sauva la vie à plus de six mille soldats de la révolution. Tous les pèlerins de Paray voulurent embrasser le noble étendard, et leurs lèvres se collaient avec amour sur le sang vendéen.

Retournons à Lourdes, à l'appel et à la suite de notre vénérable évêque ; prions Marie de nous bénir de nouveau, supplions-la de conduire avec nous, à Paray, des représentants de toutes les bourgades, et, s'il se pouvait, même de toutes les familles des anciens soldats du sacré Cœur, Bretons, Angevins, Poitevins, etc., qui sont tous Vendéens aussi bien que nous.

> Nos pères sont morts aux combats,
> Au sacré Cœur toujours fidèles ;
> Nous imiterons nos modèles,
> Vendéens, ne dérogeons pas ! (*bis.*)
> Pie IX, à Paray, nous appelle ;
> Allons ! Dieu nous exaucera :
> S'il faut prier,... la cause est belle (*bis*),
> > Nous serons là,
> > Nous serons là !

Vendéens, allons à Paray ! hâtons-nous : la France est encore menacée ! Souvenons-nous que plusieurs centaines d'Alsaciens vinrent porter le sacré-cœur avec nos pères. Stofflet, un de nos généraux, était Alsacien. Nous demanderons à Dieu de rendre au royaume de sa mère cette chère province où il s'était choisi des martyrs. C'est alors, espérons-le, que sera entonné le cantique de la délivrance et que nous reviendrons en chantant le beau *Te Deum* prédit et désiré depuis de longues années.

Pourrions-nous résister à la grande voix de Pie IX, surtout après l'insigne faveur qu'il nous a accordée, le 2 septembre 1871? C'est en ce jour mémorable que fut signée l'introduction de la cause de la Canonisation du bienfaiteur de nos contrées, du R. P. Baudouin, le restaurateur du clergé de la Vendée. Ce fut ce même jour du 2 septembre 1871 que le Saint-Père daigna signer le décret accordant aux Missionnaires fondés par le Vénérable Père le droit (exclusif à toute autre congrégation), de conférer dans sa chère Vendée le scapulaire du sacré Cœur.

Notre diocèse de Luçon est le premier qui ait reçu ce précieux privilége. N'oublions pas que, pour l'obtenir, il a suffi d'invoquer le souvenir de nos pères.

Allons, n'hésitons pas! moins qu'à tout autre peuple, il n'est permis aux Vendéens de rester éloignés du sanctuaire à jamais béni de Paray.

Dieu le veut! le sacré Cœur nous attend.

Nota. — Plusieurs personnes ont pensé que les derniers jours de septembre, le 29 et le 30, par exemple, seraient parfaitement choisis pour un pèlerinage vendéen à Paray. Le Dieu des miséricordes n'attend peut-être plus que nous pour donner l'ordre à saint Michel de faire entendre son formidable cri : Quis ut Deus ? si terrible pour les révoltés, autant qu'il serait doux pour les cœurs fidèles.